Harald Werdowski

Luftig

Harald Werdowski

Luftig

Rediroma-Verlag

Bibliografische Information der Deutschen Nationalbibliothek:
Die Deutsche Nationalbibliothek verzeichnet diese Publikation in der Deutschen Nationalbibliografie; detaillierte bibliografische Daten sind im Internet über http://portal.dnb.de abrufbar.

ISBN 978-3-98885-497-1

www.rediroma-verlag.de
7,95 Euro (D)

Inhalt

anderntags

ein tag endet
in seiner blüte
war er schon verwelkt

kein kassenhäuschen
weit und breit
der tag
er war umsonst

ein neuer tag
wird folgen
ein tag
an dem ich
aus dem häuschen bin

schreiben

mich der welt mitteilen
zum ausdruck bringen
was mich drückt
bergen
was berge versetzt

zuweilen
fliegen mir worte zu
weben einen teppich
auf dem ich
schwebend
mich in meinen mustern seh
hoch über
den engen gassen
der stadt

das eine wort

warten
auf das wort
das das warten
beendet

schreiben
das wort
das mir sagt
wer ich bin

formsache

der form halber
schreibe ich
ungereimtheiten
ungereimt

möge sich
der leser
einen reim
darauf machen

kreislauf

überdachtes
festgehalten

worte
in einem haus
für sich
und miteinander

das haus
ein wirtshaus
die sperrstunde

ein letzter schluck
dann fliegen sie hinaus

tanzen betrunken
auf dem dach
kommen ins straucheln
fallen hinab
werden aufgelesen
und neu überdacht

wortlos

von einem ende der welt
zum anderen
ist das wort unterwegs

fragt sich
eines müden tages
wann bin ich endlich dort
wo ich mich
nicht länger noch
erklären muss?

aufruhr

meutern
meine gedanken
kriegen sie
einen korb

hoch oben
am mast
sehnen sie sich
schwindelig
nach unbekanntem land

differenz

achtundneunzig prozent
der energie im universum
sei bindungsenergie
so die wissenschaft

schafft wissen allein
dass ich so frei bin
mich hundertprozentig
zu binden?

dein und mein

deine antwort
meine freude

deine gabe
meine kraft

dein baum
mein blühen

dein wort
mein lied

dein traum
mein tod

dein ziel
meine frage

dein schweigen
mein weg

dein haus
meine trauer

zweifel

allein
zu zweit

hinaus
aus dem vergnügen

es geht etwas
zu ende
an dessen ende
ich mich frage

geht es nicht auch
ein wenig anders?

weit weg

einsame nähe
ewiger streit

nun bin ich
allein mit mir
in meinem ufo
two thousand lightyears
from home

unfassbare weite
zwischen all den sternen
sehnen nach dem einen
auf dem ich könnte
in frieden leben
sei es allein
sei es zu zweit

bumm

es knallt
in meinem traum

es hallt
in meinem innenraum

am fluss
ein schuss
ein schrei

vorbei
das leben
meiner traumfrau

durchgebrannt

hochfrequenz
rubrik liebe
hertzschlag megaschnell

für spannung ist gesorgt
bis erste sicherungen
durchbrennen

vielleicht auch heinz
vielleicht auch lieselotte

diagnose:
stromkreis überlastet
verdrahtungsfehler

unbestellt

einmal hergestellt
läuft es
quergestellt
darauf hinaus
sich neu
aufzustellen

entbunden

verbinden
verwickeln

sich trennen

wunden verbinden
sich entwickeln

verheißung

erlebten schmerz
verwinden
die schweren wolken
ziehen sehn

schimmerndes
am ufer gegenüber

keinen blassen schimmer
wie dort hingelangen

am ende winkt
die sehnsucht

schlimmstenfalls

im reich der krone

zugeschaltet und entschieden
in der runde der häuptlinge
mit und ohne raute
ohne feuer
ohne friedenspfeife

maßnahmen
bremse in der not
setzt dem ganzen
die krone auf

pieks pieks pieks
haben uns alle lieb
gebetsmühlen
artig
garstig die egoisten
müssen draußen bleiben
bis auf weiteres geschlossen

sich fragen
haben die einen in der krone
die mit krone auf dem haupt?

gräben tun sich auf
ich tu mich nicht zu

beim täglichen maskenball
geimpft
genesen
getestet

coronapyramide

an der spitze
macht die runde
dass es um tod und leben geht

in der mitte
sagt jeder dritte
ihr könnt mich mal

ganz unten
führt zu später stunde
pure lust zum frevel

gefallen

kleine
weiße
friedenstaube
fiel vom
himmel
herab

zack
bumm
tot

schwarzer rabe
schaut mich
prüfend
an

bärig

auf einem bären reitend
wähnt sich
der herrscher aus dem osten

fällt ein ins bruderland
mission
auf linie bringen

mission gescheitert
krieg dauert blutiglang
und länger
kommt zu uns nach haus

erdlinge

auf der erde
machten sie nur
merde

dafür gabs
kalt öd und leer
den mars
das wars

p.s.
auf dass es sich auch lohnte
gabs dazu
die beiden monde
phobos die angst
und
deimon der schrecken

menschengemacht

der mensch
das leid
der neid

leiden
mit denen
die leiden

leiden
unter denen
die neiden

ohne neid
weniger leid

kein neid
auf leid

eine welt
ohne leid
ohne neid

stell dir vor

sterncher

ein gedanke
sanft und heilend
mich bewegt

alle menschen
werden
brüder*innen

unwissend

das blatt
das nicht weiß
dass es weiß ist

der mensch
der vergisst
dass er mensch ist

der mensch
der nicht weiß
wie er vergessen soll

null hoch eins

nullen
laufen gerne
in kolonnen

sie suchen sich
eine eins
die sie führt

wenn es sein muss
ins verderben

treibgut

erinnerungen
abgefüllt
in dosen

dosis gesteigert
in sanften wellen

so treiben sie dahin
ein jeder
mit seinem päckchen

schicksal

einsamer schiffbrüchiger
an fremder küste
gestrandet

muss schlucken
gleich salzigem wasser
dass er allein ist

sich begegnen
das fremde ertragen

die insel
sich selbst

schlecht gelaufen

eine sache
verläuft im sand
menschen verlaufen sich
im wüstensand

wüste sache
die nicht so läuft
wie eine sache
das sollte

sich ergeben

kaputt gespielt
mein knie
jäher fall
aus der welt des fußballs

nachdem es mich
hinaus gekickt
ist froh
allein in mir
der wandersmann

ziehen lassen
was nicht aufzuhalten
halten
was noch nicht
verfallen ist

je und je

mit beiden beinen
im leben stehen
selbst wenn es dir
eins genommen hat

auf einem beine stehen
auch wenn du
beide hast

den weg
der dir bestimmt ist
gehen
ob in der mitte
ob am rande
mal direkt
mal über bande

einfach so

poco a poco
step by step
ein fuß vor den anderen
weitab von salto mortale

ohne drang
zum optimieren
hohe türme
sind genug gebaut

die welt sehen
wie sie ist
ohne sehnen
ohne hadern

ausgang ungewiss

einem impuls
folgen
die nicht
absehbar sind

zahn um zahn

dass entwicklung
ohne schmerzen geht
dieser zahn
wurde mir längst gezogen

dass alles
am seidenen faden hängt
hat nicht nur
mit zahnpflege zu tun

am ende
reduzieren sich eitelkeiten
auf den festen sitz
der mobilen zähne

heißes spiel

erfahrungen sammeln
wie spielsteine

was das leben
dir würfelt
setzt du nach mustern
die dir eingebrannt sind

splitter

(1)
in der wüste
wirst du dich
dem kamel anvertrauen
auf dem mars
die erde lieben lernen

(2)
geduld erwächst
aus dem
was einst erduldet

(3)
die klinge
scharf wie der verstand
der sich nicht rasieren lässt

goldener schnitt

das ganze zum großen
sich verhält
wie das große zum kleinen

goldener schnitt

harmonie
schönheit
formvollendet

staunen

unbezahlbar

das glück
nicht über den grünen kleee loben

wir suchten
und fanden
auf der wiese
in unserem hof

der vater hatte uns
seinen beiden söhnen
versprochen
für jedes vierblatt
gäbe es zwanzig pfennige

unser glück aber
war zu groß
als dass er es
gänzlich
bezahlen wollte

als wäre glück
bezahlbar

goldklumpen

nach vierzig jahren ehe
lässt er sie wissen
die klumpige griessuppe
die sie ihm
morgendlich gekocht
hätte ihm nie geschmeckt

daraufhin
gesteht sie ihm
sie hätte mit ihm
in die scheiße gegriffen

nach fünfzig jahren
feiern sie
goldene hochzeit

schließlich
hat nicht jeder sich
sein süppchen selbst gekocht

trittsicher

der große auftritt
blieb ihm verwehrt
doch tritt für tritt
blieb er sich treu

mütterlich

die mutter träumt
von versöhnung
zwischen vater und sohn

gleichwohl
wäre sie gern
vertöchtert

superzelle

vater mutter kind
familie
kleinste zelle
der gesellschaft

telefonzelle
abgeschafft

handy handy handy
we are family

rund

sich im kreise drehen
bis er sich schließt

die mitte suchen
den bogen kriegen

in nächster dimension
sich wiederfinden

kugelrund

kopfüber

die welt
so hört man
stehe kopf
sie gerate
aus den fugen

fragst du mich
wie ich das seh
sag ich dir

stell deinen kopf
auf den boden
streck die füße
in die höh

hör dazu
diverse fugen
und der tag gerät
zu einem schönen ende

rundum rund

läuft es rund
machts mich nicht heiß
ist der film
in dem ich drin bin
bunt
oder nur schwarz weiß

läuft es rund
dann spielt es keine rolle
ist der rock
den meine liebste trägt
aus leder
jute
oder wolle

läuft es rund
juckts mich nicht die bohne
müssen frauen im freibad mit
oder dürfen sie
oben ohne

läuft es rund
ist es mir völlig schnuppe
raucht der typ
vor meiner nase
ne zigarre
oder eine fluppe

läuft es rund
und locker flockig
ists mir piepegal
ob des nachbars kind
ist artig
oder laut und bockig

läuft es rund
welch wonne
ists mir einerlei
ob es in strömen regnet
oder scheint die sonne

läuft es rund
dann läuft es rund
es schließt sich der kreis
und wird aus gutem grund
kreisrund

rumba

den tag
rumkriegen
ohne rum
und tralala

den tag
genießen
mit pralinen
a la cha cha cha

ausgleich

auf der reise
in den süden
eine insel
der ort beschaulich
das hotel naja
das zimmer oho
mit blick aufs meer

die insel gegenüber
zum greifen nah
das paradies
eine ahnung

am ende der reise
einmal die insel durchstreift
derselbe ort
dasselbe hotel
der blick fällt
in einen schacht
nach oben begrenzt von
einem dach aus glas

es dringt
kaum frische luft
durchs offene fenster

gegenüber
fremde gesichter
zum greifen nah

fern das paradies
keine ahnung
was ich davon halten soll

jahreszeiten

der sommer
hat sich ausgebrüllt

mit nassen kalten händen
greift der herbst nach mir
lässt blätter
im winde tanzen

wenn der tanz geendet
schlägt der winter
seine pranke
eiskalt mir entgegen

breite meine schwingen aus
fliege in den süden

betörend farbenpracht
in gleißend licht
macht mich trunken

auf
in den nächsten brüller

3 fragezeichen

fährt mein laptop
am morgen
gemächlich hoch
mach ich mir schnell
ein spiegelei

hab ich gefunden
wonach ich suchte
ist schon fast
der tag vorbei

frag ich mich
wie säh mein tag wohl aus
gäb es kein netz
und keine maus?

gäb es noch immer spiegelei?
wär ich auf der suche
nach dingen
die noch unvernetzt?
oder hieß es schlicht und einfach
aus die maus?

nomadenmonade

ein seltener nomade
verliebte sich
in eine
vergnügliche monade

am ende der promenade
schlürften sie
verprickelt
limonade um limonade

bankgeheimnis

in eine bank
in einem park
von unbekannter hand
ins holz geritzt
du bist das beste
was mir je passiert ist

alsbald darauf
das geritzte durchgeritzt

insofern
die ganze chose
alles andere
als geritzt

verwandelt

sein leben
eine suppe
ohne salz

ihr leben
ein saftiger braten

den hatte er gerochen
und sich in ihn
verbissen

da machte
der braten
aus ihm
hackepeter

rattenscharf

einst traf ein krokodil
auf eine scharfe ratte
am schlammigen ufer
des nil

das krokodil war
längst nicht satt
die ratte
um genau zu sein
schachmatt

da kam ein nashorn angeflitzt
und hat das krokodil
ein wenig aufgeschlitzt

da machte sich
die rattenlady
einen schlitz ins kleid
und fand es wunderbar

rillenverpillt

hast du rillen
auf den pupillen
ist dein leben
eine lange rille

siehst du pillen
in den rillen
auf deinen pupillen
ist dein leben
eine pillenrille

schluckst du
beim grillen
von gerillten würsten
emsig spaßig pillen
ist dein leben
eine pillepallerille

löffelei

messer gabel
schere licht
vergesse man
den löffel nicht

sich zum löffel machen
papperlapapp

den löffel abgeben

bis dahin
volle pulle leben

damenwahl

in einer
lauen sommernacht
wollt clara
ihn verführen

nicht im heißen sande
der sahara
nicht bei den wilden tieren

in clärchens ballhaus
sollte es geschehn
am tag der damenwahl
nach diversen bieren

da kam
oh schreck
eine böse löwin
auf zwei beinen
und schnappte ihr
den schmucken jüngling weg

so ging
das arme clärchen
allein
mit ohne bärchen
ins triste heim zurück

schruppke

drei monate lang
in lauen sommernächten
straßen gefegt

fürn fuffi
die nacht

von mulackritze bis koppenplatz
oranienburger bis tränenpalast

damals
als noch alles
seinen sozialistischen ging

ohne laubbläser
mit besen
und armen schluckern

geschichten
skurril
ergreifend
bedrückend

tagelöhner
am rande
der gesellschaft
im herzen ostberlins

wenn ich morgens
nach getaner arbeit
meinen kopf
auf weiches kissen gebettet
spülten sie
mit molle und korn
den straßenstaub hinunter

in einer stehschiene
unterm fernsehturm

bevor andere
nach oben fuhren
saubere aussicht
genießen

radio

magisches auge
geheimnisvolles
grünes leuchten

sauber der klang
am klarsten die stimmen
wenn die iris
in voller größe erstrahlte

als kind
fragte ich mich
wie die musiker
in das gehäuse passen

die magie
wurde mir ausgetrieben
aus röhren
wurden transistoren
das magische auge verschwand
die liebe zum radio blieb

sie wuchs
als beatmusik
mich in ihren bann zog
schaffte ich mir
ein kofferradio an

aus kilo wurde
megahertz

megagroß
die entfernung
zwischen der welt
meiner heißgeliebten klänge
und jener
in die ich hineingepresst

gigagroß
der hass
auf den vater
als der mir das radio wegnahm
und es verschwinden ließ
weil es ihm nicht
in den kram passte

der vater ist tot
meine liebe
zum radio lebt

klänge
aus dem äther
stimmen mich berühren
rhythmen
die mich treiben
melodien mich beflügeln

luftig

schnell wie der wind
sich unerwartet drehend

flatterhaft
gleich einem schmetterling
zu haus in fremden gärten
auf der suche nach
prickelnd neuem
noch nicht dagewesenem
an geistiger substanz
sich labend

verwurzelt allenfalls in
worten
ideen
theorien

kann mit allen menschen
die ihm nicht
zu nahe treten

tausend schritte
in den mokassins des anderen
kommt er sich selber
auf die spur

findet gar
mit seinem atem
spät zu sich
nach haus

weg zum licht

ein weg
ein grelles licht
am hellichten tag

ein helm
ein junge
auf einem rad
fährt mir entgegen

freihandyg

ich bin ohne helm
unterwegs

zu fuß

hab freie hand
auf meinem weg
zum licht

in dunklen zeiten

paradies

im ersten garten
der menschen
ein mann
eine frau
eine schlange

in meinem garten
keine frau
keine schlange
ein gartenschlauch

aus dem strömt
wasser
für den baum des lebens

niemand
der mich vertreibt